माँ

AN UNTOLD STORY

डॉ. उत्कर्ष यादव

Dr. Utkarsh Yadav

प्रस्तावना

I dedicated this book to My Strongest Pillar and My life - "My Mother". Life doesn't come with a manual it comes with a Mother.

Mother is the most Beautiful Creation of God whose Heart filled with Unconditionally Love, the love of Mother is the purest

I had written so many thoughts about Mothers, these all are thoughts are Personal and I don't want to Hurt Anyone,

Everything I have learned from My Mother She is my mentor, She is my friend, and She is my Motivation and she knows how to make me Laugh. No one loved me like My Mother.

I want to Thank Each and Every Person whoever come in my Life and Teach me something new Especially my Mother .

@DR.UTKARSH YADAV (M.B.B.S)

DEDICATED TO OUR MOTHER

Dr. Sunita Yadav (M.A, B.Ed, Ph.D)

न मातुः परदैवतम ।।
(मां से बढ़कर कोई देव नहीं)

मां क्या है ?
मां कौन है ?
मां कहाँ है ?
मां तो मां है,

1

मां एक ऐसा शब्द है, जिससे जिन्दगी की शुरुआत होती है, मां एक छोटा सा शब्द है जिससे दुनिया शुरू होती है व ख़त्म होती है, मां हर जगह व हर इन्सान के दिल में हमेशा विद्‌यमान रहती है।

2

मां एक ऐसा शब्द है, जिसमें सारे ब्रहमांड का रहस्य छुपा हुआ है, मां जन्म देती है, पाल-पोष कर बड़ा करती हैं, मां उम्र भर निःस्वार्थ प्रेम करती है, गलती पर डांटती भी है मां और बेहद प्यार भी करती है मां, हिफाजत भी करती है, और सीने से भी लगाकर रखती है मां, हम उसकी आशाएँ भी है, इच्छा भी है, और भविष्य भी है, सबसे कहती फिरती है, इसका चेहरा इसकी आंखे, इसकी बोली मेरी जैसी हैं इन्हीं बातों में वो अपना पूरा दिन गुजार लेती है, मां तो बस मां होती है।

3

मेरी मां से बड़ा कोई भगवान नही, मेरी मां की सूरत भगवान से भी अच्छी है, मां है तो मन्दिर है, मस्जिद है, गिरजाघर है, मां ही गंगा, यमुना सरस्वती व संगम का किनारा है। मां ही आकाश, मां ही धरा है, और मां ही स्वर्ग है, मां के चरणों में ही सारा संसार है।

4

मां के चरणों में ही सारी शक्तियां वास करती है, मां के चरणों में छाया है, ज़िन्दगी के सारे सुख है, सारे वरदान है, सारे भगवान है, मां के चरणों में ही हर दुआ है माँ हर घर की माली है, और हम सब बच्चे उसके प्यारे - प्यारे फूल और कली है। मां ही दुनिया की पहली भगवान है।

5

जब मैं छोटा था तो उसे मैने बहुत सताया, बहुत परेशान किया, उसे लातें मारी, उसके बाल नोंचे, उसे प्यार में मारा भी, लेकिन कभी मुझे परेशान न होने दिया, रो कर जिस खिलौने पर हाथ रखा, वहीं खिलौना मुझे लाकर दिया, हर वो काम किया जिसमे मेरी खुशी थी।

6

एक मां अपने बच्चे को कितना चाहती है उसे कितना प्यार करती है ये सिर्फ मां ही जानती है, 9 महीने तक अपनी कोख में रखती है, बिना किसी स्वार्थ के पालती है, पोषती है और बड़ा करती है।

7

खुद दिन भर भूखी रही, परन्तु मेरे लिए हमेशा रोटियां ढक कर रख जाती थी, उसे अच्छे से पता रहता है कि मुझे कब भूख लगती है, दिन भर की थकान से चूर होकर भी मेरे एक आग्रह पर उसने कई प्रकार के व्यंजन चुटकियों में बिना किसी शिकायत के परोसे हैं।

8

खुद गीले में सोई और मुझे हमेशा सूखे बिस्तर पर सुलाया, अपने सारे सपनों को भुलाकर उसने हमारे सारे सपने पूरे किये, हमारी हर जरूरत को पूरा किया, हमें सदा ही परेशानियों व मुसीबतों से बचाया, व दूर रखा।

9

उसने अपनी कई रातें खराब की है, रात-रात भर खुद जगकर हमें सुलाया है। अपनी अंगुली पकड़कर हमें अपने साथ चलना सिखाया ,अपने आंचल की छांव में बड़ा किया, बोलना सिखाया, पढ़ना सिखाया, जीना सिखाया, हम सब आज भी मां के लिए उतने ही छोटे बच्चे हैं, जितने पहले थे, वो आज भी सब के सामने उसी तरह से डांटती है, दुलार करती है, व प्यार भी उतना ही करती है।

10

मां के बिना दुनिया की हर चीज कोरी है,
दुनिया का सबसे प्यारा संगीत मां की लोरी है।।

11

मेरे सारे गुनाहों को माफ़ करती है मां,
गुस्सा होती है तो रोती है मां,
सारे ज़ख्मों को मिटाती है मां,

12

अपनी सारी खुशियां हम पर लुटा देती है मां,
हमारी खुशियों में शामिल होकर अपने सारे ग़म भुला
देती है मां ।।

13

मां हर मर्ज़ की दवा होती है, कभी डांटती है तो कभी
सीने से लगाती है मां,
कभी ठोकर लगे तो बस मां ही याद आती है ।।

14

ख़ुद कितनी ही थकी क्यों न हो हमें देखकर उसकी
थकान दूर हो जाती है,
जब भी ख़्याल आये कुछ लज़ीज़ खाने का बस मां ही
याद आती है ।।

15

रिश्तों को खूबसूरती से निभाना सिखाती है मां,
बच्चों की अंगुली थाम के चलना सिखाती है मां, क्योंकि
मां तो बस मां होती है ।।

जब खुश होती है तो सारी खुशियां हमें दे देती है मां,
हजारों ग़म हो मुझे, मां को याद कर के खुश हो जाता हूँ,
जब मां हंसती है तो सारे ग़म भूल जाता हूँ।

मां हर खुशी में काम आती है,
मां हर मुसीबत में याद आती है,
मां हर ख्यालों में याद आती है,
मां हर पल याद आती है।

जब कभी घबराऊँ या बेचैन हो जाऊँ, तो हौसला बढ़ाती
है मां,
कभी गलती करूँ तो डांटती भी है मां,

19

जब उदास होता हूं तो एक पल में हंसा देती है मां,
कुछ तो जादू है मां तुझमें सब कुछ अच्छे से संभाल
लेती हो मां,
मां जो तू रहती है पास में किसी चीज की कमी महसूस
नही होती,
जो तू न हो पास में तो हर चीज की कमी ख़लती है।

20

मां की उपस्थिति किसी रिश्ते की कमी महसूस नहीं होने देती और सारे रिश्ते मिलकर भी मां की कमी पूरी कर नहीं सकते ।

21

मां जैसी आँखें कहा से लाऊँ, हर खोई चीज अब ढूंढ कहा से लाऊँ,

जो दुःख तुमने हम सबसे छिपा कर रखे थे.अब उनको ढूंढ कहा से लाऊँ,

तुम्हारे टूटे हुए सपने अब ढूँढ़ कहां से लाऊँ, जो हमारे सपने पूरे करने में तुमने तोड़ दिये।

22

आज़ फिर नींद नही आई रात भर,
बस मां की याद सताती रही रात भर ।

23

हमेशा देर कर दी मैंने मां, कुछ जरूरी बात कहनी थी,
कुछ मन की बात कहनी थी, कुछ बचपन की यादें जीनी
थी,
कुछ टूटे हुए तुम्हारे सपने पूरे करने थे,
तुम्हारी हंसी के पीछे छिपे ग़म का राज़ जानना था,
लेकिन हमेशा देर कर दी मैंने माँ ।।

24

मैं गलत और तू सही है मां, मैं जो करूं वो गलत और
जो तू कहे वो सही है मां, जिंदगी की लड़ाईयों में हार
गया, हार गया मैं तुझसे दूर रहकर,
क्योंकि मैं गलत और तू सही है मां.

25

मेरे लबों पर अब सबसे पहला लफ्ज़ बस 'मां' है,
तुम्ही मेरे जख्मों की दवा हो,
तुम्ही मेरे अंधेरो की उम्मीद हो,
तुम्ही मेरा सहारा हो,
क्योंकि मैं गलत और तू सही है मां,

26

जिन हाथों से ये कलम चलती है, वो किस्सा तुम्हीं हो,
वो आखिरी सांस तुम्हीं हो,
तुम्हारे बिना मेरा जीवन और मैं अधूरा हूं,
वो जीवन का अहम हिस्सा भी तुम्हीं हो मां,
क्योंकि मैं गलत और तू सही है मां ।।

27

नये नये शहर में अब हर मंजर अच्छा लगता है,
कुछ दिन नये शहर में घूमा, लेकिन अब बिन मां के
घर अच्छा नहीं लगता।

28

मां तेरे चेहरे को देखने के लिए तरस जाता है मेरा दिल, खुशकिस्मत हैं वो लोग जो तेरे चेहरे को हर पल व हर रोज देखते हैं।

29

मां ही संसार है, मां ही मेरी दुनिया है,
मां ही मेरा गांव है, शहर है, मां ही पीपल की शीतल
छाया है,
मां ही मेरा रब है, माँ ही मेरा संसार है, और मां ही
मेरी दुनिया है।

30

अंगुली पकड़कर मां ने चलना सिखाया,
कलम पकड़कर मां ने लिखना सिखाया,
बचा रहूँ सदा बुरी नज़र से काला टीका उसने सदा
लगाया।

हर रोज गिर के उठना आसान थोड़ी है,
हर रोज अपने आपसे लड़ना आसान थोड़ी है,
मां होना आसान थोड़ी है।

32

कड़ी धूप में मेहनत करते रहना आसान थोड़ी है,
संतानों की खातिर अपने सपनों को मारना आसान थोड़ी
है,
और मां होना आसान थोड़ी है।

33

मां तुम साथ होती तो.........
पढ़ते-पढ़ते नींद आने पर बिना कहे एक प्याली चाय
थमा देती, थक गया हूँ रोज सुबह-सुबह उठकर खाना
बनाते-बनाते, मां तुम साथ होती तो कह देता आज
खाना तुम बना दो ।

34

रोज करता हूं कोशिश खुश रहने की मां तुम साथ होती
तो मुस्कुरा लेता,
देर रात हो जाती है अब घर लौटते- लौटते, मां तुम
साथ होती तो वक्त पर घर लौट आता,
मां तुम साथ होती तो मुस्कुरा लेता.

35

मां तुम्हारी याद में ठीक से सो नहीं पाता,
मां तुम साथ होती तो चैन से सो पाता,
मीलों दूर आ चुका हूँ, घर से,
तेरे ख्वाबों की परवाह न होती तो कब का घर लौट आता,
मां तुम साथ होती तो किसी बात का मलाल नही होता,
और मां तुम साथ होती तो चैन से सो पाता ।

36

मां बच्चे के साथ बच्चा बनना चाहती है, जिस मां ने
हम सबको सिखाया,
अब वही हमसे बहुत कुछ सीखना चाहती है।

मां अब इजाजत मांगती है, होली दिवाली साथ मनाने का वचन मांगती है अपने लिए कुछ न मांगकर हमारी सलामती की दुआ मांगती है ।

38

मां तो मां है.........
ईश्वर की परछाई है मां,
दु:खों की दवाई है मां,
बच्चों के जीने का आधार है मां,
ममता और करुणा का भंडार है मां,
समर्पण, सेवा, त्याग और प्रेम की अभिव्यक्ति है मां,
घर की रौनक में शुमार है मां,
हर मुश्किल पहर में साये के जैसे साथ है मां,
सारे रिश्तों में खास है मां
जन्म देकर निराकार से आकार देती है मां,
मेरे खर्चे भिजवाने की खातिर रोज़ कमा कर लाती है
मां,
आंखे क्यों नम है ये जान लेती हैं, मां तो मां है।

39

मां न हो तो घर घर नहीं लगता, ये शहर अब अच्छा
नहीं लगता,
मां तेरे बिन एक पल भी अच्छा नहीं लगता, तू साथ न
हो तो हर पल अकेला सा लगता है,
मां न हो तो कुछ अच्छा नहीं लगता ।।

40

कहीं भटकूं तो रास्ता दिखाती है मां,
थककर चूर हो जाऊं तो सिर पर हाथ फेर कर थकान
मिटाती है मां ।।

41

फ़र्क नहीं पड़ता वो कितनी पढ़ी लिखी है,
मेरी मां मेरे लिए सबसे बड़ी है ।।

42

मां तुम्हारे घर का ख्याल रखती है,

मां तुम्हारे बच्चों का ध्यान रखती है,
माना कि वो अब बूढ़ी हो गयी है, थोड़ी कमजोर हो
गयी है,
थोड़ी देर से उठा करती है, आज भी सबको गर्म खिलाने
के बाद खुद ठंडा बचा खाना खाया करती है,
माना, उसे बाहर जाना पसंद नहीं, माना उसे बात करने
का ढंग पता नही, माना झूठी हँसी दिखाना पसंद नही,
बचपन में उसकी कड़वी बातें भी मीठी लगती थी, आज
उसकी मीठी बातें भी तुमको जिल्लत लगती है,वो प्यार
आज भी तुमसे करती है,
तुम मां की ममता को भूल उसे वृद्धाश्रम में छोड़ आये,
फिर भी वो दुआ तुम्हारे लिए करती है,
तुम मां को वृद्धाश्रम से ले आओ वो इंतजार तुम्हारा
आज भी करती है।

43

मां चाहे कितनी भी अनपढ़ क्यों न हो वह बच्चों के चेहरे को देखकर सब कुछ पढ़ लेती है ।

44

मां तेरे नाम पर लगा चन्द्रबिन्दु बताता है, कि चंद्रमा
सी तेरी गोदी में बिंदु सा लेटा हुआ मैं ।।

45

मैं मां के लिए क्या लिखूं, मैं आज़ जो भी हूं वो मां की ही लिखावट हूं ।।

46

मां, जब पहले में रोता था तो तुम याद आती थी,
और आज़ जब तुम्हारी याद आती है तब रोता हूं मैं ।।

47

जैसे मां ने हमें चाहा, गर हम भी उसे इस क़दर चाहते,
तो, मां को यूं वृद्धाश्रम नहीं छोड़ आते।

48

मां को बहुत कुछ सुना देते हो तुम,
कभी उसकी भी सुनो जो वह कभी कह न पायी।

49

मां को रुलाने वालों की कोई इज़्ज़त नही होती,
मां की इजाज़त बिना जन्नत भी अता नही होती।

50

मां की ममता बांटी नही जाती,
चार घरों के झूठे बरतन मांझ कर, चार-चार बच्चों को पाल लेती है मां,
मगर अफ़सोस चार बच्चों से एक मां संभाली नही जाती
।

51

बहुत दिन हो गये, अब घर लौट जाने को जी चाहता है,
मां से मिले कई अरसे बीत गये, अब गले लगने को जी
चाहता है,
मां को देखे कई अरसे बीत गये अब उसे देखने को जी
चाहता है,
बहुत दिन हो गये, अब घर लौट जाने को जी चाहता है।

52

सभी बहुएँ ग़र समझती यूं मां की ममता, तो हर मां यूं बेघर न होती।

53

मां तो बस मां होती है, हर गम हर खुशी में मेरे साथ
होती है,
लाख कमियां हो मुझ में, लेकिन हर कमी को नजर-
अंदाज करती है,
जब भी में बीमार होता हूँ, मेरी चिन्ता में रात भर
जगती है,
सभी एक समय व हद तक साथ रहते हैं, मां हर वक्त,
हर पहर, हर कदम साथ होती है,
मां तो बस मां होती है, हर गम हर खुशी में मेरे साथ
होती है।

54

मां न होती तो प्यार कौन करता,
ममता का हक अदा कौन करता,
गर मां न होती तो हमारे लिए दुआ कौन करता ।

55

नसीब वाले हैं वो लोग जिन्हें मां के हाथ का खाना
नसीब होता है,
न जाने कितनों को खाना नसीब नही होता,
न जानें कितनों को मां का प्यार नसीब नही होता।

56

रूह के रिश्तों की गहराई कोई समझ न पाया, चोट हमें लगती है और दर्द मां को होता है, मुसीबत में सबसे पहले बस मां ही याद आती है।

57

वो मां है, सब जानती है.......

वो मां है, सब जानती है, हमारे दिल और दिमाग में क्या है, हम क्या सोच रहे हैं, क्या कर रहे हैं, हमसे ज्यादा हमारे बारे में मां जानती है, माना कभी डांटती भी है, मारती भी है, कभी कड़वा भी बोलती है, ग़र हो जाये हम नाराज़ उनसे तो हमें मानाना जानती है, वो मां है, वो सब जानती है।

58

हम गुस्सा होकर खाना छोड़ दें तो हमारी पसंदीदा
पकवान बनाकर हमारे सामने परोस देती है, उसकी डांट
और गुस्से में भी प्यार छुपा हुआ होता है, वो मां है,
सब जानती है,

59

वो मेरे अच्छे और खराब दोस्तों को एक झलक में
पहचान जाती है, कौन सही है, कौन गलत हैं, वो मां है,
सब जानती है

60

तबियत मेरी खराब होती है, चिन्ता और परेशानी में खुद रहती हैं, सबके सोने के बाद रात में उठ उठ कर मुझे देखती है कि मैं ठीक से सो रहा हूं या नहीं, खुद की नींद खराब कर पूरे घर को अच्छे से सोने देती है, खुद बुखार में रहती है, सारा काम करती है, सबसे ना जाने ये अपनी तबियत क्यों छुपाती है, वो मां है, सब जानती है।

61

मेरे एग्जाम के समय पूरी पूरी रात मेरे साथ जगती है, कभी चाय तो कभी पानी देती है, मेरे साथ-साथ वो भी परेशान रहती है, हो जाऊँ मैं अव्वल नम्बरों से पास एग्जाम में, ये दुआ मांगती है, वो मां है सब जानती है।

62

आजकल में अब घर से दूर रहने लगा हूँ, जब भी घर आता हूँ, तो वो अपने सारे जरूरी काम छोड़कर मेरा ख्याल रखना शुरू कर देती है, अच्छे व पसंदीदा पकवान बनाती है, कहती है, तू होस्टल में ठीक से खाता नही है, बहुत पतला हो गया है, हमेशा में उसको पतला ही नज़र आता हूँ, क्योंकि वो मां है सब जानती है।

63

अपनी ख्वाहिशों को वो भूल जाती हैं, मेरी ख्वाहिशें मेरे खर्चे, उसे सब अच्छे से याद रहते है, वो मां है, सब जानती है।

64

मैं जब भी परेशान होता हूँ, और झूठी मुस्कान चेहरे पर
लेकर उसके सामने जाता हूँ, वो तुरन्त समझ जाती है,
सत्य, असत्य हर बात का पता पल भर में लगा लेती
है, वो मां है, सब जानती है।

65

मां के प्यार की कोई सीमा नही होती, मेरी खुशियों के सामने उसके लिए कोई मुश्किल बड़ी नही होती, जान बसती है, मेरे दिल में इनके लिए, और इनके दिल में मेरे लिए, इसलिए हर वक्त, हर पल मेरे भले के बारे में सोचती है, वो मां है, सब जानती है।

66

जब कभी में चारों तरफ से अंधेरो और परेशानियों से घिर जाता हूँ, तो आंख बन्द कर मैं तुम्हारा हंसता हुआ चेहरा याद कर लेता हूँ, पल भर में तुम्हारे पास होने का अहसास हो जाता है।

67

आश्चर्य की बात है, हजारों किलोमीटर दूर बैठकर फोन पर मेरी खामोशियां, परेशानियां, गम और मेरे दिल का हाल सिर्फ एक "हैलो" से जान जाती है, पर अपने ग़म परेशानियां कभी भी लफ्जों से बयां नहीं करती, तुम्हारी आंखे पढ़नी पढ़ती है जानने के लिए, और इस सबके लिए तुम्हारे करीब होना जरूरी है, वो मां है, सब जानती है।

68

अपने सारे काम भूल जाती है, पर मेरी उम्मीद और हौसले को बढ़ाना कभी नहीं भूलती, जैसा प्यार मां करती है वैसा कोई नही करता, उसकी एक फूंक में भी ताकत होती है, जब भी मुझे चोट लगी बस उसकी एक फूंक से मेरे सारे ज़ख्म यूं भर गये, उनकी फूंक के सामने सारी दवाएँ फीकी है, इनकी दुआओं में खुदा और इनकी बांहों में सारे जहां की खुशियां होती है, क्योंकि वो मां है, सब जानती है।

69

अब इन आंखों को कोई और रास नही आता,
मां तुम्हे देखे बिना मुझे चैन नही आता ।

70

मेरी ख्वाहिशों की खातिर, मां ने एक एक रुपया बचाया है,
अपने सारे सपनों का गला घोंट कर उसने मेरे सपनों का पुल बनाया है।

71

मैंने मां को फटी एड़ियों में चलते देखा है,
संकट की घड़ियों में भी हंसते हुए देखा है,
मेरी ख़ातिर लोगो से ताने सुनते देखा है,
मेरे खर्चों की ख़ातिर, लोगों से उधार मांगते देखा है
मैंने माँ को फटी एड़ियों में चलते देखा है।

72

कोशिश करना कि तुम मां को रोने मत देना,
यूं मां को उदास होने मत देना
मां को कमजोर होने मत देना,
मां के हौंसले को खोने मत देना,
मां के सपनों को टूटने मत देना,
और मां की आंख में कभी आंसू आने मत देना ।

73

तुमने मां का एक सपना पूरा करने से इंकार कर दिया,
मां ने तुम्हारे सपनों की खातिर सारी ख्वाहिशों को दबा
कर रख दिया ।

74

कार और मकान का कर्ज याद रखते हैं, हर गैर जरूरी काम को याद रखते हैं, लेकिन मां बाप के कर्ज को क्यों भूल जाते हैं ?

75

क्या कहूँ मां के बारे में ....
नींद उसे लगती थी, और सुला वो मुझे देती थी,
चोट मुझे लगती थी, और दर्द उसे होता था,
भूख उसे लगती थी, और खाना मुझे खिलाती थी,
रोटी दो मांगू चार रख देती थी, खुद खाली पेट सोती
थी,
सर्दी उसे ज्यादा लगती थी, चार स्वेटर मुझे पहनाती थी,
नये जूतों की जरूरत उसे होती थी, लेकिन नये जूते मेरे
लिए खरीद लाती थी,
नये कपडे पहनने को शौक़ उसे होता था, लेकिन नये
कपड़े मेरे लिए खरीद लाती थी,
खुद स्कूल पैदल जाती थी, और मुझे रिक्शे से भेजती
थी,
गर्मी सबसे ज्यादा उसे लगती थी, और कूलर में सबसे
आगे मुझे सुलाती थी,
फटे कपड़े को ढक कर खुद पहनती थी, मेरे लिए नये
खरीद कर देती थी,
मां तुम ऐसा क्यों करती थी ?

76

मेरे हाथ पर लगा छोटा सा ज़ख्म भी, मां को बड़ा
दिखाई देता है,
मेरी मुस्कुराहट के पीछे छिपा हुआ दर्द बस मां को
दिखाई देता है।

77

तुम क्या आजमा सकोगे उसकी ममता को, उसने तो वो
सब भी गंवाया है,
जो उसे जान से भी प्यारा था।

78

सारी उम्मीदें तुम मां से करते हो, उसी के आंचल में पलते हो,
उसकी उम्मीदों पर पानी फेरा करते हो,
अपने यारों की महफिल में मां की यू बदनाम करते हो,
तुम भी यार कमाल करते हो।

79

मेरी खुशियों की खातिर मां ने कुछ गंवा दिया,
कुछ लुटा दिया, कुछ छिपा लिया,
कुछ दवा दिया, उसकी ममता का हमने अच्छा सिला
दिया,
उसे यूं बेसहारा कर दिया उसे यूं बेघर कर दिया।

80

कुछ तो पाया होगा मां ने भी मेरी तरह,
मैंने मां को पा लिया, तो उसने मां को चाहने वाला।

81

बिन मां के रात कैसे गुजरती है,
ये हमसे पूछिए आप तो सोये और सवेरा हो गया।

82

न जाने कितनी रातें मां एक करवट में सोई है,
भिगा के पलकें कितनी रातें मां रोई है।

83

अपने सपनों की छत बनाने, अपने सपने सजाने अपनी
दुनिया संवारने घर से निकल आये हैं, मां को यूँ रोता
छोड़ कर आये हैं, और आज अपने ही घर को खोखला
कर आये हैं,

84

अपने सपनों की खातिर मां के सपने तितर-बितर कर
आये हैं,
सुखद जीवन जीने की होड़ में मां को रोता छोड़ कर
शहर में रहने आये हैं,
और अपने ही घर को खोखला कर आये हैं ।

85

मां तेरे हाथों के पकवान छोड़ कर रूखा-सूखा भोजन
खाने आये हैं.
अपने घर के बड़े आंगन को छोड़, शहर में एक छोटे
कमरे में रहने आये हैं,
और मां को रोता छोड़ कर शहर में रहने आये हैं ।

86

तुम्हारी उम्मीदों पर ख़रा उतरने आये हैं,
जो सपने तुमने अपने लिए देखे थे वो सारे सपने सच
करने आये हैं,
तुम्हारे अधूरे ख्वाबों को पूरा करने आये हैं,
तुम्हें अंग्रेजी सिखाने के लिए ख़ुद अंग्रेजी सीखने आये
हैं,
अपने घर के आंगन को छोड़ कर शहर में एक छोटे
कमरे में रहने आये हैं,
मां को रोता छोड़ अपने ही घर को खोखला कर आये हैं
।

87

न वो थर्मामीटर रखती है, न ऑक्सीमीटर रखती है, और
न ही वो आल्हा रखती है,
मां आवाज सुनकर हर मर्ज की दवा जान लेती है ।

88

मुझसे मां के ये दुःख दर्द देखे नहीं जाते, क्या करूं
उसके हिस्से के दुःख दर्द मेरे हिस्से नहीं आते ।।

89

तू नहीं तेरी दुआओं का असर काफी है,
तू पास नहीं फिर भी तेरा अहसास काफी है।

90

मां तुझसे दूर होकर जो दूरियां बढ़ी,
तो सुकून से ज़्यादा बेचैनियां बढ़ी।

जरूरी नहीं कि सभी को मां का आंचल मिला हो,
जरूरी नहीं कि सभी को मां की ममता का सहारा मिला
हो,
कुछ कश्तियां समंदर में यूं गोते खाती है,
जरूरी नहीं कि हर कश्ती को किनारा मिला हो ।

92

ये ज़िंदगी मुझे हजार बार मिले,
हर बार बस मां तू ही मिले ।

93

मां अब तुमसे शिकायतें कोई रही नहीं,
रहे जो तुझसे दूर मां अब फरमाइशें कोई रही नहीं ।

94

मां है तो सब कुछ है, मां नहीं तो कुछ भी नहीं ।

NOTES